Ziegfeld Follies of 1931

Plate 1

Ziegfeld Follies of 1907   Ziegfeld Follies of 1914

Plate 2

Ziegfeld Follies of 1916

Ziegfeld Follies of 1917

Plate 3

Ziegfeld Follies of 1917   Ziegfeld Follies of 1918

Plate 4

Midnight Frolics of 1919

Plate 5

Ziegfeld Follies of 1920

No Foolin' (1926)

Plate 6

Ziegfeld Follies of 1922

Plate 7

Ziegfeld Follies of 1924

Plate 8

Ziegfeld Follies of 1925

Plate 9

Plate 10

Ziegfeld Follies of 1927

Ziegfeld Follies of 1927

Plate 11

Ziegfeld Follies of 1931

Plate 12

Ziegfeld Follies of 1934

Plate 13